LE CORSET

A TRAVERS LES AGES

Le
Corset

ERNEST LÉOTY

LE CORSET

A TRAVERS LES AGES

Illustrations

DE

SAINT-ELME GAUTIER

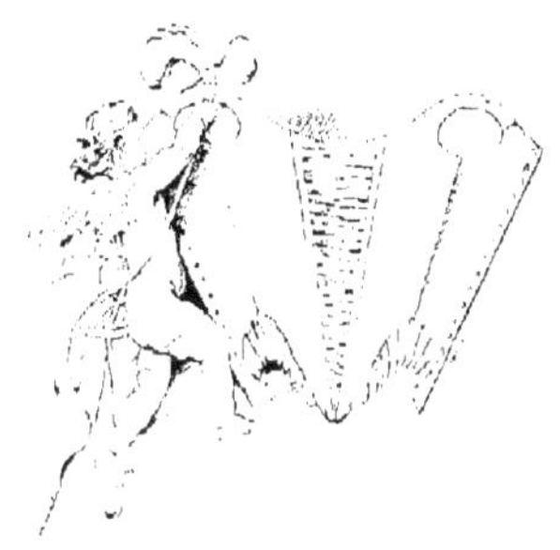

PARIS

PAUL OLLENDORFF, ÉDITEUR

28 bis, rue de Richelieu, 28 bis

1893

AVANT-PROPOS

Avant d'aborder le sujet que je me suis donné
à tâche de traiter, je tiens à indiquer à mes lectrices les causes qui m'ont déterminé à entre-
prendre ce modeste travail et en faire ressortir
l'incontestable utilité.

Les personnes qui lisent assidûment les journaux et brochures périodiques, ont dû remarquer
que, depuis quelques années, les écrivains con-
sacrent de nombreuses chroniques à la question
féminine et traitent principalement du rôle de la
femme dans la société moderne. Mais ce sujet est
tant soit peu épuisé et dernièrement des chroniqueurs, sans doute en quête de copie, ont saisi le
prétexte d'un simple fait-divers rapporté par

quelques journaux étrangers pour attaquer violemment le corset.

Fils et élève, ainsi que ma femme, de celle qui fut Madame Leoty, je me crois tout désigné pour prendre sa défense.

Le meilleur moyen de rendre justice au corset, c'est d'en faire une histoire impartiale, de démontrer, avec dates à l'appui, par des extraits des principaux auteurs tant anciens que modernes, que, de tout temps, la nécessité de son emploi s'est fait absolument sentir et de faire parcourir au lecteur les différentes transformations des *bandelettes* grecques et romaines qui peu à peu sont devenues le corset moderne que je considère comme la perfection du genre, lorsqu'il est établi d'après les principes de l'hygiène et de l'esthétique féminine.

On ne s'étonnera donc pas que, dans cette étude historique et technique, j'aie profité de toutes les recherches, pour conclure par quelques idées exactes sur le rôle du corset actuel.

Les rapports du corset avec l'hygiène ne sont pas douteux. Son usage a fait surgir un nombre considérable de dissertations toutes plus savantes les unes que les autres, et il ne m'appartenait pas de négliger ce point d'une importance capitale ; je lui ai donc consacré un chapitre spécial à la fin de cette brochure.

Dans ses *Études historiques et médicales sur l'usage du corset* (1853), le Dr Bouvier, résumant les différentes phases parcourues par l'habillement des femmes depuis l'antiquité jusqu'à nos jours, divise en cinq époques les transformations subies par les corsets ou les vêtements qui en ont tenu lieu.

Voici cette classification qui résume, en quelques lignes, toute l'histoire du corset :

« La première époque est celle de l'antiquité, « des bandes ou *fasciæ* des dames grecques et « romaines.

« La deuxième comprend les premiers siècles « de la monarchie française ou une grande partie « du moyen âge, pendant laquelle le costume « des femmes ne présente rien de fixe qui soit « comparable aux corsets, période de transition, « qui participe de la précédente et de la suivante,

« par l'abandon d'abord incomplet des bande-
« lettes romaines, et par l'usage plus tard com-
« mençant des corsages justes au corps.

« La troisième époque, qui embrasse la fin
« du moyen âge et le commencement de la
« Renaissance, est marquée par l'adoption géné-
« rale des robes à corsage serré tenant lieu de
« corsets.

« La quatrième est celle des corps baleinés;
« elle s'étend du milieu du XVIe siècle à la fin du
« XVIIIe.

« Enfin la cinquième époque est celle des cor-
« sets modernes. »

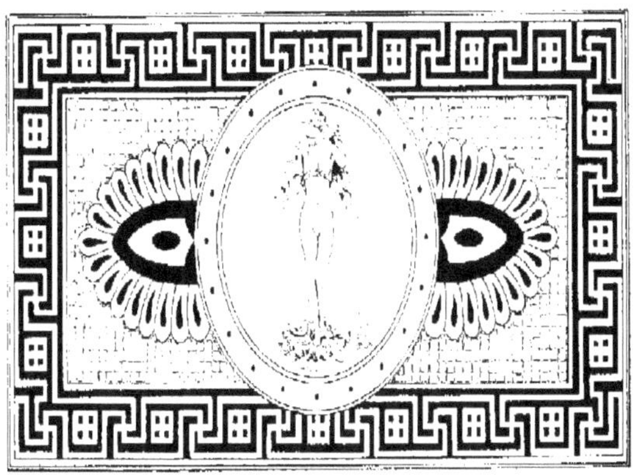

ORIGINES DU CORSET

DANS L'ANTIQUITÉ

ES corsets proprement dits étaient complètement inconnus des anciens. Les Grecs et les Romains, ces amateurs du beau par excellence, étaient de grands admirateurs de la perfection corporelle; aussi les femmes grecques et romaines reconnaissaient-elles la nécessité d'employer des bandelettes et des ceintures pour soutenir la poitrine et maintenir la taille; les écrits qui sont parvenus jusqu'à nous ne laissent aucun doute sur ce sujet.

Ces bandelettes ou ceintures étaient, à l'origine des siècles, d'une simplicité extrême; le poète latin Ovide, dans l'*Art d'aimer* (livre III), nous en donne la raison : « Si les femmes de l'antiquité, dit-il, prenaient « peu de soin de leur parure, c'est que leurs maris « étaient aussi négligés qu'elles. » A l'époque où vivait Ovide, les femmes commençaient à devenir coquettes; dans les *Cosmétiques*, dont nous ne possédons qu'un fragment, il leur enseigne la manière de se parer, leur indique le moyen de se farder et leur recommande « ces enveloppes ingénieuses qui arron- « dissent la poitrine et lui prêtent ce qui lui manque. »

Mais déjà au IXe siècle avant notre ère, Homère mentionne ces ceintures présentant un multiple enroulement autour du corps; voici comment il décrit, dans l'*Iliade* (chant XIV), la toilette de Junon au moment où elle va charmer les dieux.

Junon revêtit une robe divine que Minerve lui avait tissée avec art et où elle avait brodé toutes sortes de belles figures. Elle l'attacha autour de son sein avec des agrafes d'or ; puis elle se ceignit d'une *ceinture* garnie de cent franges...

Junon emprunte ensuite à Vénus son *ceste* ou sa fameuse ceinture :

« Donne-moi ce charme amoureux, cet attrait qui te
soumet tous les immortels et les hommes mortels... »
Vénus, au gracieux sourire, lui répondit : « Il n'est ni
possible ni convenable que je rejette ta demande ; car tu
dors dans les bras du tout-puissant Jupiter. » A ces mots,
elle détacha de son sein sa *ceinture* brodée, d'un merveilleux travail ; toutes les séductions s'y trouvaient réunies,
et l'amour, et le désir, et le doux entretien qui charme et
dérobe le cœur même des plus sages. Vénus la lui remit
donc entre les mains, prit la parole et dit : « Prends et
cache dans ton sein cette *ceinture* d'un merveilleux travail, qui renferme tous les attraits ; et je ne pense pas que
tu reviennes sans résultat, quoique tu médises dans ta
pensée. » Elle dit et l'auguste Junon, la déesse aux grands
yeux, sourit ; et, quand elle eut souri, elle cacha la *ceinture* dans son sein...

Un passage du poëte latin Térence nous indique
l'usage que l'on faisait des bandelettes au IIᵉ siècle
avant Jésus-Christ. Chéréa, dans la comédie *Eunu-
chus* (acte II, scène IV), s'adressant à l'esclave Par-
ménon, son confident, et parlant d'une beauté dont
il était épris, s'écrie :

Ce n'est pas une jeune fille comme les nôtres, que leurs
mères obligent à se rabattre les épaules, à se sangler la
poitrine, pour avoir une taille mince. Si quelqu'une est
un peu plus solidement taillée, on dit qu'elle tourne à
l'athlète, on lui rogne les vivres, et elles ont beau être
nées avec une bonne constitution, on ne fait pas moins

d'elles, grâce à ce régime, de véritables roseaux. Aussi comme on les aime !

Mais puisque l'époque romaine peut être reconstituée grâce à sa magnifique littérature, on me permettra d'y rechercher les origines du corset.

On trouve dans les auteurs latins, de même que dans les auteurs grecs, la désignation d'un certain nombre de bandes ou ceintures qui avaient un emploi analogue à celui du corset moderne; on en distingue plusieurs sortes suivant qu'ils se plaçaient autour de la poitrine ou des hanches, sur le corps ou sur les vêtements.

Ces ceintures s'appelaient :

Cestus, Capitium, Fascia, Tœnia, Mamillare, etc., chez les Latins; *Strophium, Zona, Apodesme,* etc..., chez les Grecs.

Je vais essayer de décrire ces divers objets qui avaient tous un but commun et ne différaient les uns des autres que par de petits détails.

CESTUS NODUS

Le mot *cestus* est un adjectif grec qui signifie brodé; par extension, ce mot était employé par les Grecs et les Romains pour désigner une ceinture formée d'une bande de peau brodée, placée soit sur les hanches pour relever la tunique, soit au-dessous des seins pour les maintenir.

Le cestus se portait plus bas que le *cingulum* et plus haut que la *zona*.

La plupart des auteurs se servent de ce mot pour désigner la ceinture de Vénus que l'imagination prétendait ornée des joies et des peines de l'amour.

Homère en a fait une si brillante description que Boileau a dit de ce poète :

> On dirait que pour plaire, instruit par la nature,
> Homère ait à Vénus dérobé sa ceinture.
>
> (*Art poétique*, Chant III.)

L'écrivain latin Martial mentionne le cestus dans les épigrammes suivantes :

Sur la Statue de Julie (Ep. XIII, liv. VI).

...Ta main douce et polie joue avec le ceste (*nodus*) de la déesse acidalienne : tu en as dépouillé le cou de l'enfant Cupidon. Pour ranimer la flamme amoureuse de Mars et du maître tout-puissant du tonnerre, que Junon, que Vénus elle-même t'emprunte ce ceste (*cestus*) magique.

La Ceinture (Ep. CCVI, liv. XIV).

Esclave noue à ton cou ce *ceste* encore tout chaud des feux de Vénus.

La Ceinture (Ep. ccvii, liv. XIV.

Reçois ce *ceste* tout imprégné du nectar de Cythère ; par lui les feux de l'amour ont passé jusque dans le sein de Jupiter.

Dans l'épigramme « Sur la statue de Julie », le mot *nodus* est employé au lieu et place de *cestus ;* mais, c'est l'exception, *nodus* servait plus ordinairement à désigner le nœud qui attachait le *cingulum* sous la poitrine.

CAPITIUM

Le *capitium* était un vêtement porté sur la partie supérieure du corps qu'il recouvrait ; ce mot ne désigne pas une sorte de capuchon comme quelques auteurs l'ont prétendu : Varron est très explicite à ce sujet quand il dit : « ainsi nommé parce qu'il enveloppe la poitrine. » C'était donc une partie de l'habillement destinée à garantir le sein.

Aulu-Gelle, critique latin (iie siècle avant notre ère), mentionne ce mot comme employé seulement par les gens du peuple. Dans ses *Nuits attiques* (liv. XVI), il cite un extrait de la

Fig. 1. — Capitium, d'après un marbre antique.

comédie *Natal*, de Labérius, où ce vêtement est décrit comme étant de couleur voyante et porté par dessus la chemise.

La figure 1 montre le capitium, d'après le marbre d'un tombeau antique représentant probablement une femme du peuple, à en juger par la pierre grossièrement taillée sur laquelle elle est assise.

FASCIA

Le mot latin *fascia* désigne une bande d'étoffe longue et étroite qui enveloppe certains organes et les maintient dans leurs positions respectives. C'était chez les Romains, une ceinture attachée autour de la poitrine des jeunes filles pour arrêter par la pression le développement de la gorge (Martial).

Ovide, dans l'*Art d'aimer*, donnant aux femmes des conseils pour remédier autant que possible aux imperfections de la nature, dit : « De minces analec- « tides corrigent heureusement l'inégalité des épau- « les: entourez d'une écharpe (*fascia*) une poitrine « qui a trop d'ampleur. » Ces analectides étaient de petits coussinets dont les dames se servaient pour cacher la difformité de leurs épaules; ils ont été cités aussi par le poète comique grec Alexis.

Martial explique l'usage de la fascia dans une épi-

gramme intitulée *Fascia pectoralis* (Épig. cxxxiv
liv. XIV) :

Bandeau qui de ma belle assujettis le sein.

Cette fascia s'enroulait autour du corps et avait
par conséquent une certaine longueur. Nous en trou-
vons la preuve dans un passage de l'historien latin
Tacite, racontant dans ses *Annales* (liv. XV), un des
épisodes de la conspiration, en l'an 65, de Pison contre
l'empereur Néron. Une courtisane romaine, Epicha-
ris, se trouva mêlée à cette affaire. On la mit à la plus
cruelle question, afin de lui arracher des aveux; mais
elle supporta les souffrances avec un courage admirable. « Le lendemain, dit un traducteur, comme on
« la ramenait aux mêmes tortures portée sur une
« chaise (car ses membres disloqués ne lui permet-
« taient pas de se soutenir), elle détacha la *fascia*
« qui lui soutenait la poitrine, la noua au haut de la
« chaise ; puis, passant son cou dans le nœud et s'ap-
« pesantissant de tout le poids de son corps, elle
« s'arracha les faibles restes de la vie... »

Mais la fascia ne fut pas d'un usage général en
Grèce et en Italie; elle n'était employée, d'après Térence, que par les personnes fortes ou imposée par
des mères soucieuses de la beauté de leurs filles.

La fascia venait aussi quelquefois s'appuyer sur les

épaules. Nous retrouvons un souvenir de cet appareil, peut-être l'appareil lui-même, dans la manière dont les Arlésiennes soutiennent encore leur poitrine. Chez ces femmes, le corset est remplacé par un système de mouchoirs — système bien peu pratique d'ailleurs — qui, s'appuyant sur les épaules, passent ensuite sous la poitrine en la soutenant et s'attachent derrière le dos. On peut d'autant mieux conjecturer que ce système est une modification de la *fascia* que le mot *fazzoletto* (mouchoir), paraît tirer son origine de l'expression latine en question.

On trouve dans quelques auteurs le mot *fasciola* employé au lieu de fascia. Apulée, dans ses *Métamorphoses de l'Ane d'or* (liv. II), décrivant la toilette d'une jeune servante nommée Fotis, dit : « Elle était « élégamment vêtue d'une robe de lin fort propre, « attachée au-dessous du sein avec une ceinture (*fasciola*) d'un rouge éclatant. »

APODESME, STHÉTHODESME

L'*apodesme* (lien du sein) était sous Aristote, une bandelette destinée à recevoir la poitrine ; appelé plus tard *sthéthodesme*, il paraît être l'expression grecque correspondante à la *fascia* et au *mamillare* des Latins. Il avait le même emploi que ces deux appareils.

Antiphane, dans ses *Thoriciennes*, nous raconte qu'après la toilette du corps et l'édification de la chevelure, la première pièce du vêtement que mettait une dame grecque, soucieuse de sa beauté, était une ceinture (*apodesme*) placée sous la poitrine; selon Nomachius, outre le blanc et le rouge pour le visage, le noir pour les yeux, la poudre pour les cheveux, on se servait du pinceau pour donner du lustre au sein, en nuançant la blancheur avec le pourpre de l'hyacinthe, avec le beau vert ou jaspe de l'Inde (Racinet).

Fig. 2. — Sthéthodesme ou Fascia, d'après une statue antique.

La planche I représente une femme revêtant la fascia ou apodesme, d'après une terre cuite antique (Musée du Louvre).

La figure 2 montre la manière de soutenir la poitrine avec le sthéthodesme.

MAMILLARE

Le *mamillare*, mentionné par Martial dans ses *Épigrammes* (Épig. LXVI, liv. XIV), était une ceinture

PLANCHE I.

Apodesme, d'après une statuette antique (Musée du Louvre).

en cuir mou, servant à entourer la poitrine et à la
contenir quand elle prenait trop de développement;
il ne comprimait pas la taille et n'était porté que par
les femmes ayant un grand embonpoint.

Le mamillare est très apparent sur la figure 3, qui

Fig. 3. — Mamillare, d'après une peinture trouvée à Pompéi.

représente Sophonisbe d'après une peinture trouvée
à Pompéi; il est aisé de voir qu'on le portait sous la
tunique, contre la peau (*Dictionnaire des antiquités
romaines et grecques*, Rich).

ANAMASKHALISTER

Une autre ceinture, l'*anamaskhalister*, signalée par
Pollux, dans l'*Onomasticon*, que les dames grecques

se mettaient sous les aisselles et passaient ensuite par dessus les épaules, semble aussi avoir quelque analogie avec la fascia.

La figure 4 représente une Vénus aphrodite orientale (Musée du Louvre) trouvée, près de Smyrne, dans la nécropole de Myrina; elle donne une idée assez exacte de ce qu'était l'anamaskhalister qui a ainsi l'aspect d'une brassière d'enfant.

Fig. 4. — Vénus aphrodite orientale portant l'aramaskhalister.

TÆNIA.

Le mot *tænia* signifie ruban; c'était une modification de la fascia; plus étroite, elle s'enroulait autour de la taille et des hanches.

Cette ceinture, d'après Anacréon, était principalement destinée aux jeunes filles et se portait sur la peau.

Apulée, dans ses *Métamorphoses de l'Ane* (liv. X),

en parle dans le passage suivant : « Elle se désha-
« bille alors entièrement, même elle enlève les bandes
« (tæniæ) qui emprisonnaient une gorge charmante. »

Ce qui paraît commun à toutes ces bandelettes,
c'est la couleur ; plusieurs
auteurs nous apprennent
qu'elles étaient rouges,
et le mot *tæniensis* qui
désignait un des tons du
rouge, semble indiquer
que cette couleur ser-
vait à teindre les *tæniæ*
(RACINET).

CINGULUM.

On trouve quelque-
fois les mots *cingulum*
et *cingillum* employés
pour désigner une
ceinture placée au-
dessous de la poitrine

Fig. 5. — Cingulum, d'après une statue grecque.

pour que le vêtement ne fût pas lâche et eût bonne
tournure. Ce mot est mentionné par Isidor (*Origines*), par Virgile (*Énéide*) et par Pétrone (*Satyricon*).
D'après ce dernier témoignage, le cingillum servait

à relever la robe : « Sa robe, retroussée par une cein-
« ture (*cingillum*) vert pâle, laissait apercevoir sa tu-
« nique couleur cerise, ses jarretières en torsade d'or
« et ses mules ornées de broderies du même métal. »

Le cingulum est très visible sur la figure 5, d'après
une statue de marbre.

Festus et Valérius Flaccus désignaient aussi sous
le nom de cingulum une ceinture portée par les
femmes et surtout par les jeunes filles; pour ces dernières, elle était placée plus bas que pour les femmes
mariées, sur les reins, juste au-dessus des hanches.
Cette ceinture, qui différait de la précédente par la
manière de la porter, paraît être assez semblable à la
zona.

ZONA

La *zona* était un bandeau ou une ceinture large et
plate employée principalement par les jeunes filles;
elle se plaçait le plus souvent autour des hanches.

Le mot zona a été pris par Martial comme titre
d'une de ses épigrammes (Épigr. cii, liv. XIV). Ovide
mentionne ce mot dans ses *Fastes*, où il dit : « Elle
« lui donne la ceinture (*zona*) qui pressait tout à l'heure
« son sein délicat; mais la ceinture est trop étroite pour
« le corps d'Hercule. »

Homère dans l'*Odyssée* (chant V), et Catulle dans ses
Poésies (II et LXVII) emploient le mot zona pour désigner la ceinture virginale. Une coutume existait chez
les Romains d'après laquelle l'époux détachait la zona
de sa jeune femme, d'où vient
que l'expression *zonam solvere,*
signifie se marier.

Dans l'*Épithalame de Julie
et de Manlius,* Catulle emploie
le diminutif *zonula* pour désigner la ceinture virginale.

La figure 6, d'après un marbre trouvé à Herculanum, indique la place occupée par la
zona.

Fig. 6. — Zona, d'après un
marbre trouvé à Herculanum.

STROPHIUM

Le *strophium* est d'origine
grecque, néanmoins on trouve
ce mot employé assez fréquem-
ment par les auteurs latins.
Les racines de cette expression servent à désigner un
corps arrondi ou cylindrique. C'était une sorte de
fichu que l'on enroulait et que l'on attachait autour
du corps pour soutenir la poitrine. Il n'exerçait pas,

comme le mamillare, une pression contre nature, se portait par-dessus la chemise et n'était employé que par les femmes assujetties à de durs travaux.

Cette ceinture servait de poche où l'on serrait les

Fig. 7. — Servante présentant le Strophium, d'après la peinture d'un vase grec.

choses intimes, missives, souvenirs, etc., comme il est évident d'après un passage de Turpilius où une jeune fille, déplorant la perte d'une lettre, s'écrie : « Qu'ai-je fait, malheureuse! j'ai perdu en chemin ces

« tablettes que j'avais mises dans mon corset (*inter-*
« *tuniculam et strophium*). »

Catulle, dans son admirable description du déses-
poir d'Ariane abandonnée par
Thésée dans l'île de Naxos
(*Poésies*, LXIV), peignant le
désordre de ses vêtements
qu'elle laisse tomber à ses
pieds, dit :

Plus de réseau qui captive les
tresses de ses blonds cheveux;
plus de voile qui couvre son
sein; plus d'écharpe (*strophium*)
qui retienne sa gorge haletante.
Elle s'est dépouillée de tous les
ornements, ils sont tombés à ses
pieds, et les flots de la mer se
jouent de ces vaines parures.

Les deux vers suivants indiquent d'ailleurs très bien
le but de ces bandes :

Fig. 8. — Strophium, d'après une
statue antique.

> Sa poitrine est sans voile et son sein rebondi
> Repousse le secours d'un support arrondi.

Le strophium n'était pas seulement un vêtement
simple, il était aussi un objet de luxe. Isidor le décrit

comme étant parfois orné de broderies d'or, garni de pierreries et de perles.

La figure 7 représente une servante donnant un strophium à sa maîtresse; cette figure est dessinée d'après la peinture d'un vase grec.

La figure 8 montre un strophium d'après une statue que l'on croit représenter une jeune Dorienne prête pour la course à pied.

CINCTUS

Le *cinctus*, que je crois devoir mentionner dans cette étude, était une ceinture portée sur la tunique; ce mot a à peu près le même sens que cingulum. L'historien romain Suétone l'emploie pour désigner la ceinture d'un vêtement. Horace et Ovide, lui donnant un sens un peu différent, le décrivent comme servant à retenir la robe au-dessous de la poitrine et même quelquefois comme utilisé pour relever la tunique.

MASTODETON

Enfin, je terminerai ces citations par le *mastodeton*, sorte de bandeau mamillaire employé par les femmes grecques pour soutenir des seins proéminents; ce mot, que l'on rencontre rarement dans les auteurs anciens, est mentionné par Racinet dans son remarquable ouvrage *Le Costume historique*, c'est pour cela que j'ai cru ne pas pouvoir le passer sous silence.

De la nomenclature que nous venons de parcourir, il résulte évidemment que si les anciens ne connaissaient pas les *corsets proprement dits,* ils y suppléaient par l'emploi d'*écharpes* et de *ceintures* qui remplissaient le même but. Le corset moderne est donc, en quelque sorte, une combinaison pratique et raisonnée des deux types principaux des bandelettes grecques et romaines : la *zona* qui était la ceinture du ventre, et la *fascia* qui maintenait la poitrine.

HISTOIRE DU CORSET

EN FRANCE

PRÈS avoir décrit les bandes et ceintures antiques, nous allons suivre les modifications que la chute de l'empire romain a apportées à l'habillement féminin, qui, au début de cette époque, ne présente rien de particulier.

Les chroniqueurs qui ont traité du costume dans les Gaules ne sont pas nombreux et leurs conclusions reposent sur des données bien peu précises, car les quelques manuscrits qui sont parvenus jusqu'à nous ne s'occupent pas des accessoires du vêtement de la femme.

Malgré le manque de documents exacts, les historiens sont unanimes à reconnaître que les Gallo-Romaines suivaient les modes de Rome, et portaient, sous la *stola* ou la tunique, le strophium ou le capitium.

Sous les Mérovingiens et les Carlovingiens, les femmes continuèrent l'emploi des ceintures romaines. La coquetterie, à cette époque, était d'ailleurs à peu près nulle; à en juger par les sceaux et les manuscrits du temps, l'habillement se composait d'une longue tunique serrée par une ceinture placée au-dessous de la poitrine.

Les premiers Capétiens virent commencer une révolution dans le costume; mais ce n'est guère qu'au xiiᵉ siècle, d'après les recherches de Quicherat, sous les règnes de Louis VI et Louis VII, que l'on vit apparaître les robes moulant le haut du corps et le corsage ajusté séparé de la jupe.

Au siècle suivant, sous les règnes de Philippe-Auguste, de Louis VIII et de saint Louis, les tuniques amples furent de nouveau adoptées.

Le luxe des vêtements prit, au xiiᵉ siècle, une telle extension que Louis IX effrayé, s'ingénia à ramener la simplicité que lui-même donnait en exemple à ses

sujets. Quelques années après, Philippe le Bel réso-
lut d'empêcher les bourgeois de s'habiller aussi somp-
tueusement que les nobles ; par une loi de 1302, il
déclara : « nul bourgeois ni bourgeoise ne portera
« vair, ne gris, ne hermi-
« nes, et se délivreront
« de ceux qu'ils ont de
« Pasques prochaines en
« un an, et ne pourront
« ni porter or, ne pierres
« précieuses, ne ceintu-
« res, etc... »

Au commencement du
xıve siècle, la tunique fut
encore une fois abandonnée
et l'on vit apparaître les
surcots qui devinrent bientôt d'un usage général.

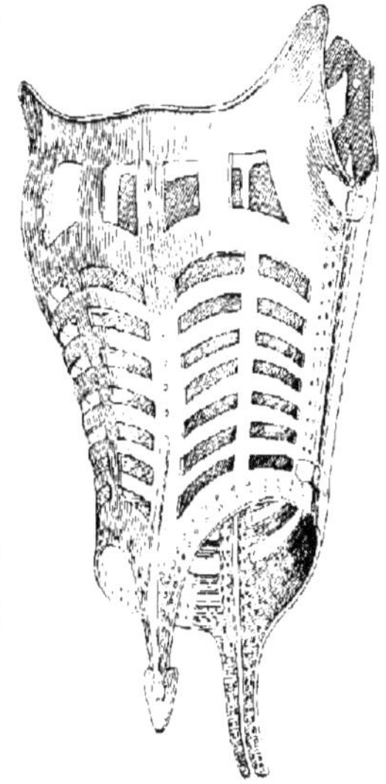

Fig. 9. — Corset en fer
(Musée de Cluny).

C'est vers cette époque que les femmes revêtirent
la houppelande serrée à la taille par une ceinture très
large qui servait à soutenir la poitrine et remplissait
ainsi l'office d'un corset. Un indiscret nous apprend
que plus d'une élégante y ajoutait le secours de certaines poches rembourrées et piquées, qui étaient cou-
sues après la chemise. Une forte saillie était de rigueur
pour racheter l'exiguïté de la taille. (Quicherat.)

A la fin du xiv° siècle, Isabeau de Bavière fit naître la mode de se découvrir la poitrine; on vit alors, pour la première fois, dans notre langue le mot *corset*. Ce vêtement s'adaptait exactement à la taille et était serré à l'aide de lacets placés soit sur le

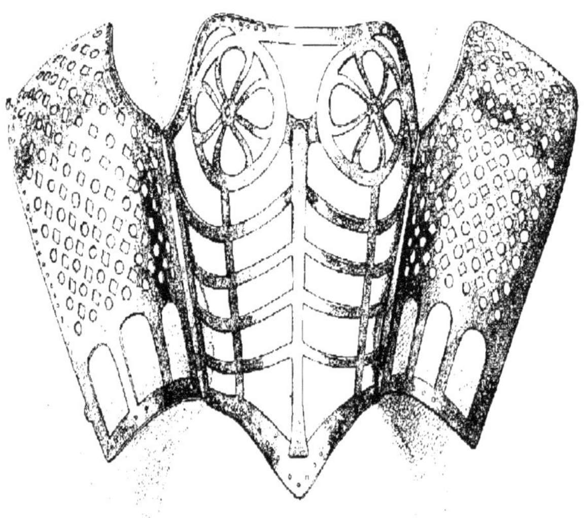

Fig. 10. — Corset en fer (Collection Dupont-Auberville).

devant, soit au dos; il s'en faisait de toutes les étoffes, le plus grand nombre était bordé de fourrures.

L'usage du surcot et de la cotte de dessous se répandit de plus en plus au début du xv° siècle; un auteur du temps raconte que Marie d'Anjou, femme de Charles VII, portait un corset lacé par devant, dont les bords écartés laissaient apercevoir la cotte.

Olivier de la Marche, gentilhomme des ducs de Bourgogne, poëte et chroniqueur du xv⁰ siècle, a décrit, dans un petit poëme intitulé le *Parement des Dames*, les diverses parties de l'habillement des femmes de son temps. La robe de dessus était à corsage ouvert, remplacé à l'endroit du lacet par une pièce de velours ou par une gorgerette.

Voici le commencement du chapitre consacré au corset dans cet ouvrage :

Chap. VI. — Le Corset ou la Cotte de Chasteté.

Ung cousturier nous côuiêt p̄ parer
Po' ung corset dôner a ma pricesse
Et son beau corps revestir et parer
De noble abit pour la bien decorer
Car elle vault po' tout mettre en prouesse
Ce beau corset ie le vueil pour noblesse
Dung blãc damas de blãcheur nette et pure
Cest ung habit de royalle vesture.

Le corset simple est bon et prouffitable
A vestir dames et les monstrer valoir
Car le corset est habit si notable
Qu'il est plaisant à tous et aggreable
Quoy qua danger on ne la puisse veoir
Et quant l'œil peult sa dame perceuoir
En ce corset sans plus estre a ornee
Il en vault mieulx la pluspart de lannee.

. . . .

A la fin du xv⁰ siècle, la mode change brusquement ; les surcots sont abandonnés et la *Basquine* ou *Vasquine* fait son apparition suivie bientôt, vers 1530, de la *Vertugale* (*verdugale* ou *vertugadin*), qui nous venait d'Espagne.

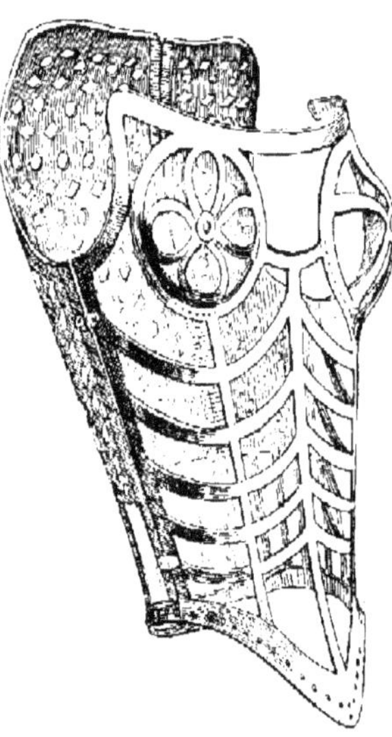

Fig. 11. — Corset en fer.
(Collection Lesecq des Tournelles.)

La basquine, désignée aussi dans quelques écrits sous le nom de *buste*, était un corset de fil ou de forte toile, garni sur le devant d'un busc de bois ou de métal ; c'était un acheminement vers l'invention des *corps piqués*. Quant au vertugadin, c'était un bourrelet que les femmes plaçaient au-dessous de la taille pour soutenir la jupe et faire « baller » la robe ; il se transforma dans la suite en paniers et en crinoline.

Clément Marot faisant, dans son *Dialogue des Amoureux*, le portrait d'une élégante en l'an 1514, parle du corset :

O mon Dieu ! qu'elle estoit contente
De sa personne ce jour-là !
Avecques la grâce qu'elle a

Elle vous avoit un *corset*
D'un fin bleu, lacé d'un lacet
Jaune, qu'elle avoit faict exprès.
Elle vous avoit puis après
Mancherons d'escarlate verte,
Robe de pers, large et ouverte,
(J'entens à l'endroit des tétins),
Chausses noires, petits patins,
Linge blanc, ceinture houppée,
Le chaperon faict en poupée,
Les cheveux en passefilon
Et l'œil gay en esmerillon
Souple, droicte comme une gaule.

Rabelais, décrivant l'habillement des dames de la cour de François Ier (*Gargantua*, liv Ier, LVI) (1537), dit : « Au-dessus de « la chemise, elles « vestoient la belle « *Vasquine* de quel « que beau camelot « de soye ; sus icelle « vestoient la *Verdu* « *gale* de taffetas « blanc, rouge, tanné, « gris, etc... »

Les femmes étaient

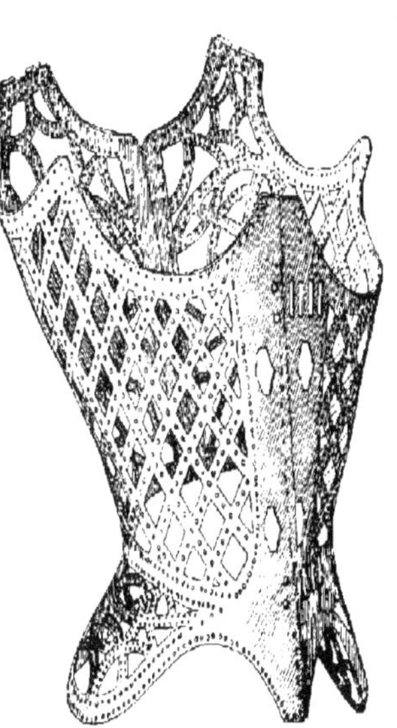

Fig. 12. — Corset en fer,
(Musée Carnavalet.)

tellement guindées dans ces basquines et l'aspect de la vertugale était tellement ridicule que bon nombre de poëtes ont exercé leur verve contre la nouvelle mode.

Fig. 13. — Christine de France (1606-1663).

Nous citerons ici quelques extraits d'une satyre, datant de 1563, intitulée : *Blason des basquines et vertugales, avec la remontrance qu'ont faict quelques dames, quand on leur a montré qu'il n'en fallait plus porter.*

> . . . . . . O la gente mutine!
> Qu'elle a une belle *basquine!*
>
> . . . .
>
> Que vous servent ces vertugalles
> Sinon engendrer des scandalles?
> Quel bien apportent vos *basquines*
> Fors de lubricité les signes?
>
> . . . .
>
> Laissez ces vilaines *basquines*
> Qui vous font laides comme quines (singes)
> Vestez-vous comme prudes femmes
> Sans plus porter ces buscqs infâmes.

Voici enfin quatre vers d'une chanson de l'époque, dans laquelle on prend la défense de la nouvelle mode :

> La *vertugalle* nous aurons,
> Maulgré eulx et leur faulse envie,
> Et le *busque* au sein porterons;
> N'esse-ce pas usance jolye?

Des prédicateurs même protestèrent dans leurs sermons contre les exagérations de la mode, l'un d'eux parlant de ces « bricoles infâmes », dit en chaire, s'adressant à la reine et à la cour : « les femmes « qui les revêtent portent le diable en croupe. »

On a dû remarquer qu'avec la basquine, le *busc* (d'abord *buste* et *busque*) fut introduit en France;

mais déjà au iv° siècle avant notre ère, le poète comique Alexis d'Athènes, nous indique que les Grecs

Fig. 14. — Françoise Bertaud (1621-1689).

employaient quelque chose d'analogue : « Son ventre
« est-il trop gros, dit-il, au plastron qu'elle se met,

« on adapte des supports droits qui le resserrent et
« le repoussent en arrière. »

C'est d'ailleurs le seul témoignage que l'on ait de
l'emploi du busc dans l'antiquité et il faut se rappor-
ter aux manuscrits du commencement du XVI⁰ siècle

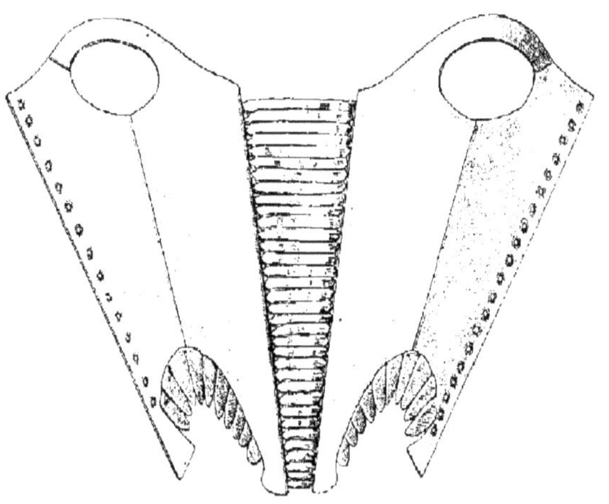

Fig. 13. — Corps de femme (Encyclopédie de Diderot).

pour retrouver trace de ce mot. Henri Estienne nous
apprend dans son *Dialogue du nouveau langage*, « que
« les dames appellent leur busque un os de baleine
« (ou autre chose à faute de ceci) qu'elles mettent
« par-dessous leur poitrine, au beau milieu pour se
« tenir plus droites ».

Ce busc était une lame de buis, de baleine ou
d'acier, adaptée sur le devant de la *basquine* ou du

corps; d'une extrême simplicité dès le début, il fut bientôt un objet de grand luxe et pour le montrer on adopta le surcot ouvert sur le devant. On en fit alors en ivoire, en argent, etc..., et on les orna d'arabesques et d'incrustations.

La collection Jubinal en renferme de merveilleux

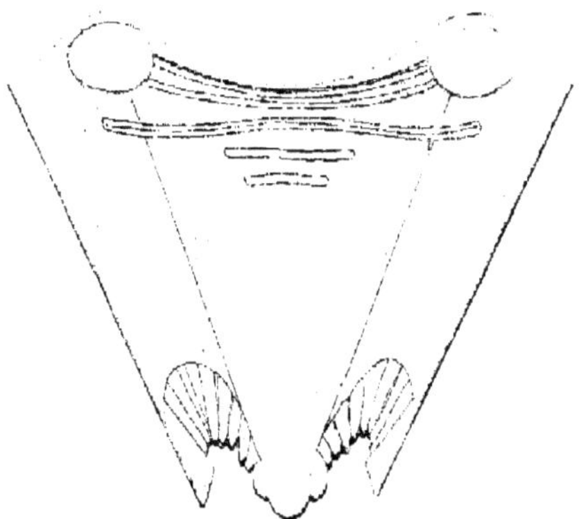

Fig. 10. — Corps vu de face intérieurement.

échantillons. L'un d'eux, de fabrication italienne, est un busc plat, en fer finement gravé et portant en outre l'inscription suivante :

> Ai de madame cette grâce,
> D'estre sur son sein longuement.
> D'où j'ouis soupirer un amant
> Qui voudrait bien tenir ma place.

Quelques années plus tard, le busc fut de nouveau caché sous le corsage ; on n'en continua pas moins à l'orner et la collection déjà citée comprend un busc de baleine ayant appartenu à Anne d'Autriche et portant le quatrain suivant qui se termine comme celui cité plus haut.

Ma place ordinairement
Est sur le cœur de ma maîtresse,
D'où j'ouis soupirer un amant
Qui voudrait bien tenir ma place.

Charles IX combattit violemment la basquine et la vertugale ; il essaya même de les supprimer par des ordonnances, mais il ne put y parvenir.

Étienne Pasquier nous a transmis, dans ses *Arrêts d'amour* (1564), les doléances des gentilshommes qui, dit-il, « se « plaignent, des vasquines, « vertugales, et grans devans « que portent aujourd'hui les « femmes; nous, pour ce sujet, « en avons osté et ostons la cou- « tume, nous rapportans à la « mode d'Italie... »

Fig. 17. -- Corps pour les femmes enceintes.

Le secrétaire de Jean Lippomano, ambassadeur vénitien auprès de Charles IX, décrivant, dans ses relations de voyage, les costumes de la cour de ce prince, s'exprime ainsi : « Par-dessus la chemise, « les femmes portent un buste ou corsage, qu'elles

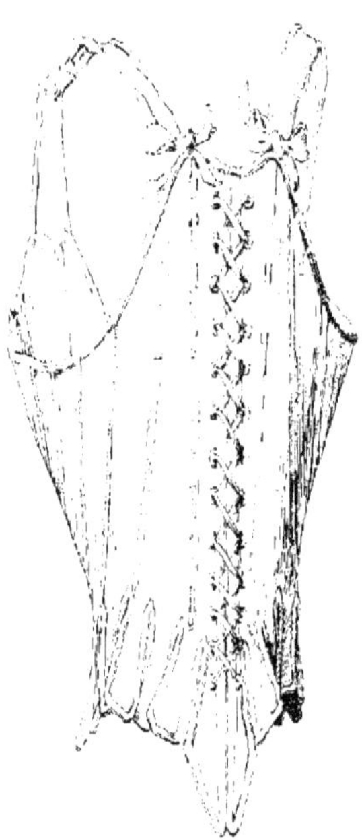

Fig. 18. — Collection Leoty.

« appellent *corps piqué* « qui leur donne du main- « tien; il est attaché par « derrière, ce qui avan- « tage la poitrine. »

Henri III, après avoir usé d'indulgence pendant quelque temps, rendit des édits très sévères pour enrayer l'usage des *corps* que tout le monde consi- dérait comme pernicieux à la santé, mais que les femmes ne voulaient pas abandonner.

Paul Lacroix, dans ses *Costumes historiques*, parle comme suit du corset à cette époque :

Montaigne n'a pas fait, loin de là, l'éloge du corps piqué. Il nous apprend que les femmes de son temps se servaient, pour se serrer le buste et se rendre la taille fine et déga- gée, d'éclisses ou petits morceaux de bois, qu'il appelait coches; elles étaient pressées de telle sorte entre ces

éclisses, et cela dès leur enfance, que la chair de leur poitrine devenait aussi dure et aussi insensible que la corne
ou le cal qui se forme aux mains des ouvriers : aussi ne
s'accoutumaient-elles à ce vêtement de torture qu'au prix
de longues souffrances ; mais la mode le voulait, elles
souffraient patiemment.

Aux éclisses de bois ont succédé les éclisses et corps de baleines et d'acier.

Voici d'ailleurs en quels termes Montaigne s'explique :

Le *corset* était une es-
pèce de gaine qui emboî-
tait la poitrine depuis le
dessous des seins jusqu'au
défaut des côtes et qui finis-
sait en pointe sur le ventre...

Pour faire un *corps* bien
espagnolé (fin comme celui
d'une espagnole), quelle

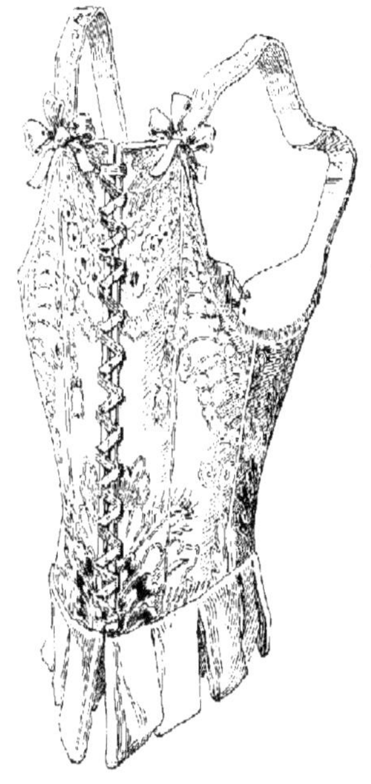

Fig. 19. — Collection Leoty.

gehenne ne souffrent-elles, guindées et cenglées, à tout de
grosses coches sur les costes, jusques à la chair vive ? Ouy,
quelquefois a en mourir. (*Essais*, 1580, liv. I, chap. xL.)

Ces corps déformaient tellement les femmes que
le célèbre chirurgien Ambroise Paré, qui avait sur la

table de dissection une personne à fine taille, put montrer à ses élèves ce que Henri Estienne appelait « l'espoitrinement des dames », c'est-à-dire « leurs « costes chevauchant les unes par-dessus les autres. »

Si les formes des vêtements de ce temps étaient défectueuses et souvent contraires à l'hygiène, l'inventaire dressé à la mort de Gabrielle d'Estrées (1599) nous apprend que les étoffes employées étaient superbes. Dans cet inventaire on trouve « une cotte de drap « d'or de Turquie, figuré à fleurs, incarnat, blanc et « vert » et une « robe de velours vert découppé en « branchages, doublée de toile d'argent, et icelle chamarrée de passemens d'or et d'argent, avec des « passe-poils de satin incardin ».

Avant de quitter le XVIᵉ siècle, nous reproduisons, à titre de simple curiosité, quatre corsets en fer: hâtons-nous de dire que ces corsets n'étaient qu'une sorte de carcasse doublée d'une étoffe assez épaisse, principalement de velours, cousue à l'aide de petits trous pratiqués dans le métal.

La figure 9 représente un corselet en fer ouvragé avec jours, charnières et fermoirs; cet appareil, d'origine flamande, date du commencement du XVIᵉ siècle, il est exposé au musée de Cluny.

Les figures 10 et 11 montrent, sous deux aspects différents, un corset en fer (*busto*) de la même époque

que le précédent, mais d'origine vénitienne ; celui de
la figure 10 fait partie de la collection de M. Dupont-
Auberville ; celui de la
figure 11 a figuré à l'exposition des Arts de la
femme, en 1892, et appar-
tient à M. Lesecq des Tournelles.

La figure 12 est un autre
corset en fer avec crans
permettant de le serrer plus
ou moins, il se trouve au
musée Carnavalet.

L'exagération du luxe
dans la mode s'accentua encore sous Henri IV et ce roi
lança, en 1601 et en 1606,

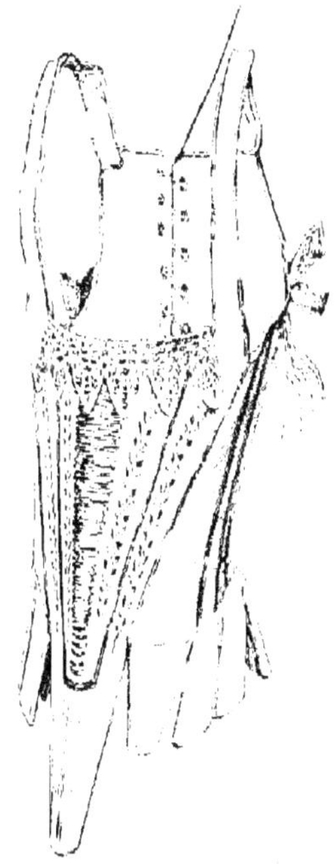

Fig. 20. — Collection Leoty.

des édits somptuaires. Voici un extrait de l'un de ces
édits :

Nous défendons expressément, à tous nos sujets de
quelque qualité ou condition qu'ils puissent être, dans
tous les lieux et terres de notre obéissance, de porter or ni
argent, ni excès d'étoffes sur leurs habits de quelque manière et sous quelque prétexte que ce soit, excepté cependant aux femmes de joie et aux filous, en qui nous ne pré-

nons pas assez d'intérêt pour leur faire l'honneur de donner notre attention à leur conduite.

Ces édits eurent pour effet de supprimer momentanément les riches accessoires du costume : mais ils

Fig. 21. — Collection Leoty.

firent naître des vêtements ridicules. Le corset prit un aspect grotesque, moins serré à la taille et busqué en avant par le bas, il reçut le nom de *fausse panse*. Sur le point de disparaître. à la fin du règne de Henri IV, cette fausse-panse devint encore plus volumineuse et de saillie plus prononcée. Marie de Médicis est toujours représentée sur ses portraits avec cet attribut disgracieux accompagné du vertugadin qui, avant de se transformer en paniers, prit des proportions tellement exorbitantes que, dans le *Discours sur la mode* (1613), on le ridiculise ainsi :

Le grand *vertugadin* est commun aux Françoises,
Dont usent maintenant librement les bourgeoises,

Tout de mesure que font les dames, si ce n'est
Qu'avec un plus petit la bourgeoise paroist;
Car les dames ne sont pas bien accommodées
Si leur vertugadin n'est large dix coudées.

Une anecdote pour en terminer avec le vertugadin.
En 1619, le parlement d'Aix rendit obligatoires, par
un arrêté, toutes les ordon-
nances antérieures contre
l'emploi de cet attribut disgracieux. Force fut aux femmes d'obéir à la loi; seule la
dame de Lacépède, veuve du
sieur de La Coste, osa affron-
ter les foudres de la Justice;
citée à comparaître devant le
tribunal, elle se présenta à la
barre dans sa tenue habituelle
et déclara à la Cour que, sur
l'honneur, cette exagération
de formes n'avait rien que de
très naturel. L'affaire était
difficile à juger. Après une
longue délibération, ces mes-

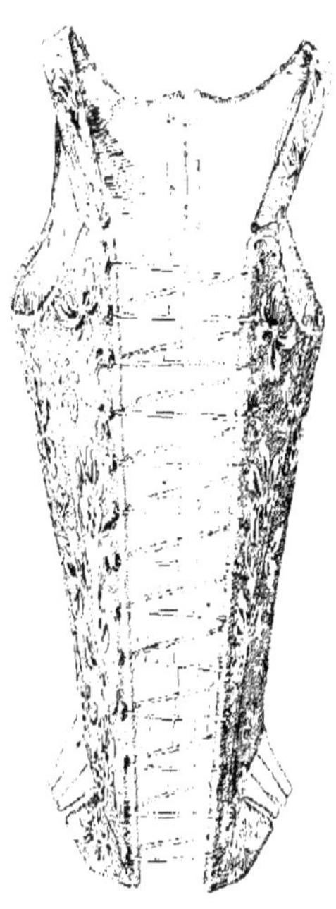

Fig. 22. — Collection Leoty.

sieurs de la Cour déclarèrent qu'il n'y avait pas lieu
de procéder à plus ample vérification et renvoyèrent
la dame des fins de la poursuite.

Après la mort de Henri IV, la mode qui jusqu'alors n'était suivie que par les classes aristocratiques, se répandit dans la bourgeoisie. L'auteur anonyme de la *Chasse au vieil grognard de l'antiquité* (1622), l'atteste dans les lignes suivantes :

Il n'y a rien de mieux vestu, de plus propre, de plus honneste ; si bien avenantes que la plupart pourroient plustost estre recognues nobles ès compagnies, pour estre agréables en leurs discours et entretiens, que bourgeoises et marchandes et leurs filles « qui portent l'habit d'attente de noblesse. »

Louis XIII rendit, en mai 1634, un édit prohibant pour tous les vêtements d'hommes et de femmes toute espèce de drap d'or et d'argent fin ou faux, ainsi que les broderies où ces matières métalliques étaient employées.

Après la mort de Marie de Médicis, les *corps à baleines* reprirent leur aspect primitif et la mode redevint plus rationnelle; pour donner une idée exacte de ce qu'elle fut, je vais citer quelques extraits du bibliophile Jacob.

Voici la description qu'il fait de la toilette de Christine de France, fille de Henri IV et de Marie de Médicis.

Le costume de Christine de France (fig. 13), se compose d'un justaucorps de couleur jonquille, brodé d'or, enrichi

de pierres précieuses et d'une robe également jonquille ;
le justaucorps est remarquable par sa forme ; il s'ap-
plique sur le buste sans que la taille soit marquée et il
présente, au bas de ses basques,
des échancrures profondes, il
ressemble presque à une arma-
ture.

Je citerai aussi le por-
trait de Françoise Bertaud,
dame Langlois de Motte-
ville (fig. 14), auteur de
mémoires estimés :

La robe de dessous, dont les
manches ne descendent que
jusqu'au pli du bras, et dont
l'ouverture se trouve assujet-
tie avec un nœud de ruban
cramoisi, est en velours noir ;
la jupe de dessous est de da-

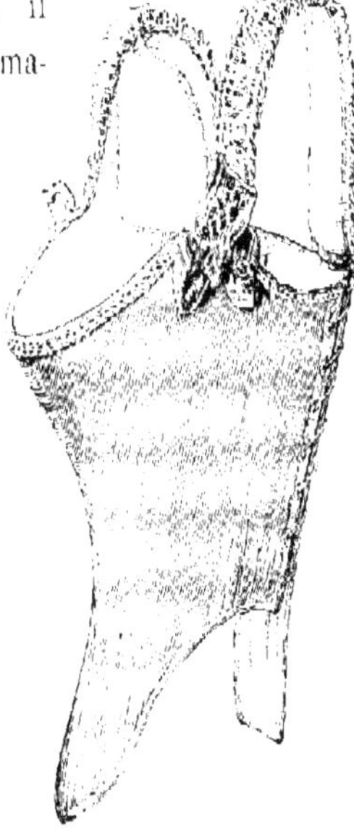

Fig. 23. — Collection Leoty.

mas blanc ; le corset à basques découpées est de damas
blanc, orné de passements laque rose, avec des dessins
d'or...

Mazarin, en 1644 et en 1656, rendit des édits contre
les passementeries et les accessoires de la toilette
féminine, et plus tard, en 1664, Louis XIV renou-
vela ces décrets ; il n'existe pas moins de onze ordon-

nances signées de lui et tendant à supprimer l'emploi des matières d'or et d'argent pour orner les costumes des hommes aussi bien que ceux des femmes.

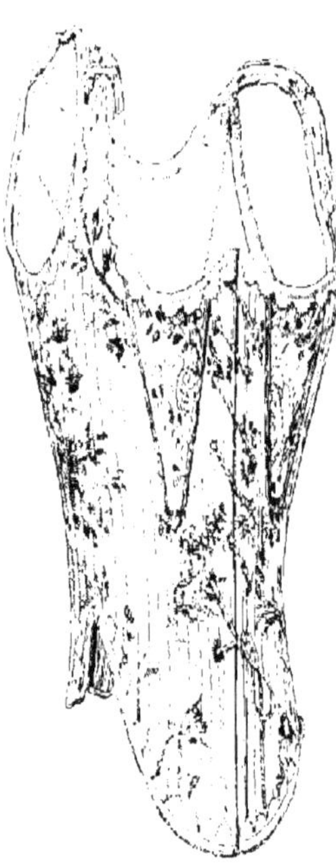

Fig. 24. — Collection Leoty.

Vers la fin du xvii° siècle, les corsages boudés et en pointe par devant sont remplacés par une sorte de justaucorps. La mode semble ensuite hésiter, le besoin se faisant toujours sentir d'imaginer des vêtements destinés à dissimuler ou à remédier aux imperfections de la nature.

Regnard, dans sa comédie, *Attendez-moi sous l'orme* (1 acte en prose, mai 1694), à propos des accessoires innombrables de la toilette employés à cette époque, fait dire à Agathe, fille d'un fermier :

« Il faut que les femmes de Paris aient bien de l'esprit pour inventer de si jolis noms. » A quoi le valet Pasquin répondit : « Malepeste ! leur imagination travaille beaucoup. Elles n'inventent point de modes qui ne servent à cacher quelque défaut. Falbala par haut, pour celles qui

PL. 11   5.IEME.G.

n'ont point de hanches ; celles qui en ont trop, le portent plus bas. Le col long et la gorge creuse ont donné lieu à la Steinkerque (sorte de cravate bouffante) ; et ainsi du reste. »

A propos des noms donnés aux diverses parties du costume, voici comment Boursault définit, dans sa comédie des *Mots à la mode*, le corset auquel on donna le nom de *gourgandine* et le *boute-en-train* qui servait à l'orner.

> Enfin la *gourgandine* est un riche corset
> Entr'ouvert par devant à l'aide d'un lacet ;
> Et comme il rend la taille et plus belle et plus fine,
> On a cru lui devoir le nom de gourgandine.
>
> . . . .
>
> Un beau nœud de brillant dont le sein est saisi.
> S'appelle un *boute-en-train*, ou bien un *tâtez-y*.

Ouvrons ici une parenthèse pour dire quelques mots des tailleurs :

Jusqu'à la fin du xvie siècle, les tailleurs avaient seuls le privilège de confectionner les vêtements des deux sexes, y compris les corsets ; mais, au commencement du xviie siècle, les couturières firent leur apparition et, dans le courant de l'année 1675, elles furent autorisées à se constituer en corporation dont les statuts furent enregistrés par le Parlement, le 7 septembre, « ayant « considéré, dit le roi, qu'il était assez dans la bien-

« séance et convenable à la pudeur et à la modestie des
« femmes et filles de leur permettre de se faire habil-
« ler par des personnes
« de leur sexe lors-
« qu'elles le jugeront
« à propos, etc... »

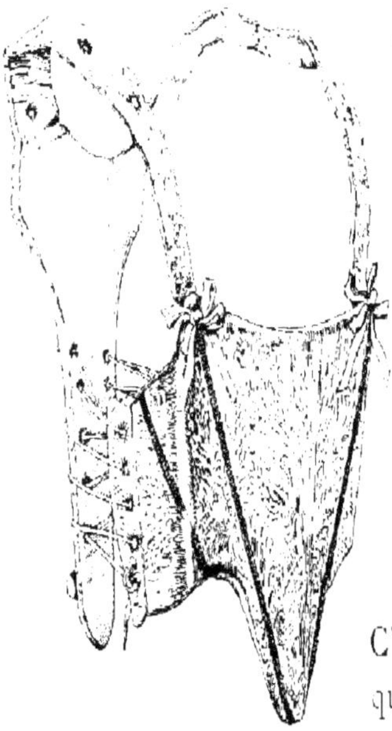

Les tailleurs n'en
conservèrent pas
moins le privilège
de confectionner
toutes les pièces
ajustées de l'habil-
lement féminin.
C'est à ce moment
que certains d'entre
eux, prenant le titre
de *Tailleurs de*

Fig. 25. — Collection Leoty.

corps de femmes et d'enfants, se firent une spécialité
du corset.

La planche II, tirée de l'*Art du Tailleur de corps
de femmes et d'enfants,* représente l'intérieur de la
boutique d'un tailleur de corps. La planche III, tirée
du même ouvrage, nous montre une femme vêtue
d'un *corps.* La figure 15, provenant de l'*Encyclopédie*
de Diderot, représente un *corps.* La figure 16 est un

Femme revetue d'un Corps

corps vu intérieurement pour montrer la disposition des baleines de dressage. Enfin, la figure 17 est un *corps* pour les femmes enceintes, se laçant par les deux côtés; ces deux dernières figures proviennent aussi de l'œuvre de Diderot.

Outre les corsets baleinés, les tailleurs de corps faisaient encore, dit l'abbé Joubert (1773) « les corsets « blancs sans baleines et à « deux buscs, les camisoles, « les fausses robes pour les « filles, etc... »

Le bureau de la corporation des tailleurs était situé quai de la Mégisserie, leurs armes étaient :

De gueules, à des ciseaux d'argent ouverts en sautoir.

Fig. 26.   Collection Leoty.

Les tailleurs formaient aussi une confrérie remontant à 1402, placée sous le patronage de la Trinité et se réunissaient à l'église de la Trinité, rue Saint-Denis.

Sous Louis XV, le corset est toujours un corps raide, échancré sur les hanches, lacé par derrière

et muni devant d'un busc quelquefois en bois,
plus souvent en fer et descendant très bas. L'u-
sage des baleines dans les corsets devint de plus
en plus général et la consommation qu'il s'en fit à cette époque pour les *corps* et les *paniers* fut si considérable que les États généraux des Pays-Bas autorisèrent, en juin 1722, un emprunt de 600,000 florins afin « de soutenir la cam-
« pagne formée dans
« l'Ost-Frise pour la
« pêche de la baleine,
« dont le commerce
« s'étend chaque jour

Fig. 27. — Collection Leoty.

« par la consommation ordinaire des fanons de
« baleine. »

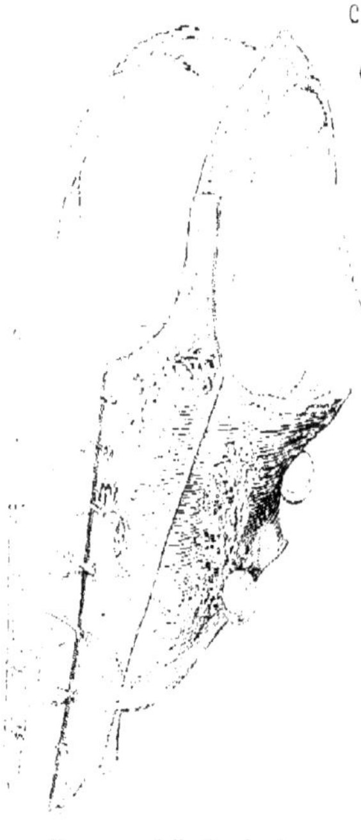

En 1727, parut une *Satyre sur les cerceaux,
paniers, criardes et manteaux volans des femmes
et sur leurs autres ajustemens*, dans laquelle l'auteur, le chevalier de Nisard, critique, autant que
faire se peut, l'usage des cerceaux et paniers; par

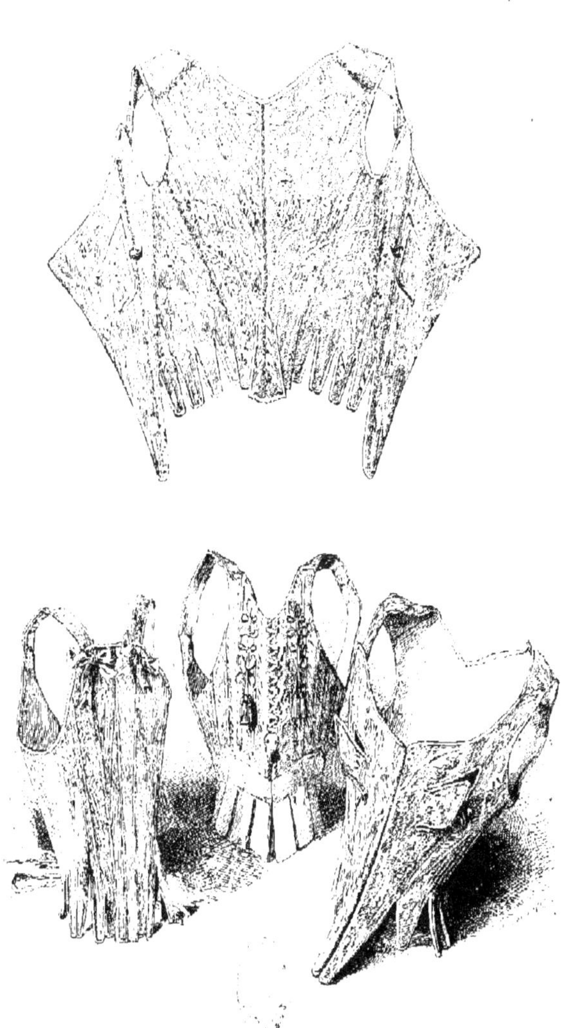

Corsets Louis XIV et Louis XV (Collection Leoty).

contre, il fait ainsi qu'il suit, l'éloge du corset :

Est-il rien plus beau qu'un *corset*
Qui naturellement figure,
Et qui montre comme on est fait
Dans le moule de la Nature ?

Platner a porté, en 1735, le jugement suivant sur l'utilité des corsets ;

Il faut, dit-il, se pénétrer de cette vérité, que, si les

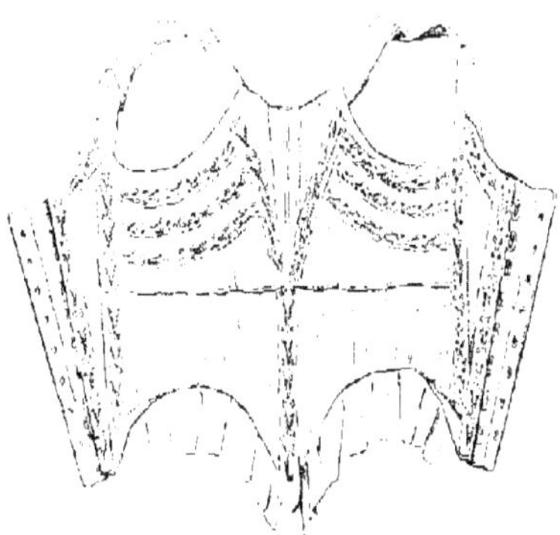

Fig. 28. — Corset hongrois (Musée de Buda-Pesth).

corps sont tout à fait rigides et inflexibles comme lorsqu'on les construit avec des lames de fer, s'ils ne s'adaptent pas parfaitement aux formes du corps, s'ils sont trop serrés, de même que s'ils présentent trop de mollesse et de laxeté, ils sont constamment des plus nuisibles. Mais dans les conditions contraires, non seulement ils n'ont pas d'inconvénient, mais encore ils fournissent aux enfants un excellent soutien et les préservent des dérangements de squelette, si faciles à cet âge tendre. Il n'est pas moins certain qu'ils procurent une finesse de taille agréable et une poitrine bien placée. Aussi suis-je loin de vouloir interdire aux femmes cette parure, pourvu qu'elles en usent avec modération.

Dans les dernières années du règne de Louis XV, les *corps*, tout en conservant le même aspect sur le devant du buste, étaient un peu serrés, quelques-uns même se composaient de deux parties, l'une sur le devant du corps, l'autre servant de dossière, et réunies sous les bras par des lacets.

Ces *corps* étaient disposés de telle sorte qu'ils faisaient remonter la poitrine d'une façon débordante ; cette coutume nous valut une spirituelle répartie du cynique Voltaire. Une dame d'un certain âge, se croyant toujours jeune, parut un jour devant Voltaire munie d'un *corps* assez échancré sur le devant. Comme le spirituel railleur l'examinait de très près, elle s'écria : « Eh ! est-ce que M. de Vol-
« taire songerait encore à ces petits coquins ? — Petits
« coquins ! risposta-t-il : petits coquins ! dites donc ces
« grands pendards. »

En 1770, un nommé Bonnaud fit paraître à Paris une brochure intitulée :

Dégradation de l'espèce humaine par l'usage des

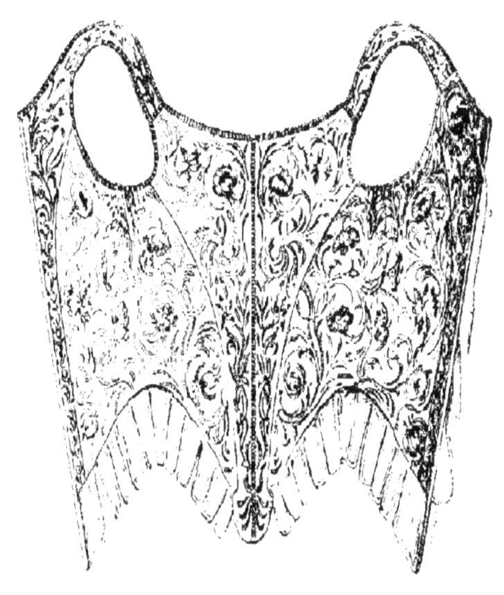

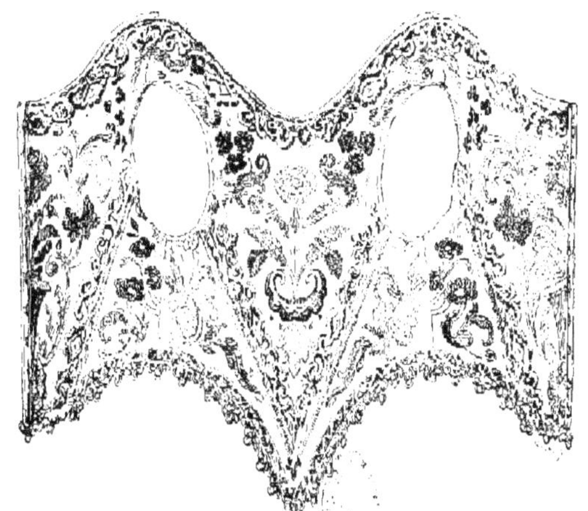

PLANCHE V.

Collection Fulgence.

corps à baleines, ouvrage dans lequel on démontre que c'est aller contre les lois de la nature, augmenter la dépopulation et abâtardir pour ainsi dire l'homme que

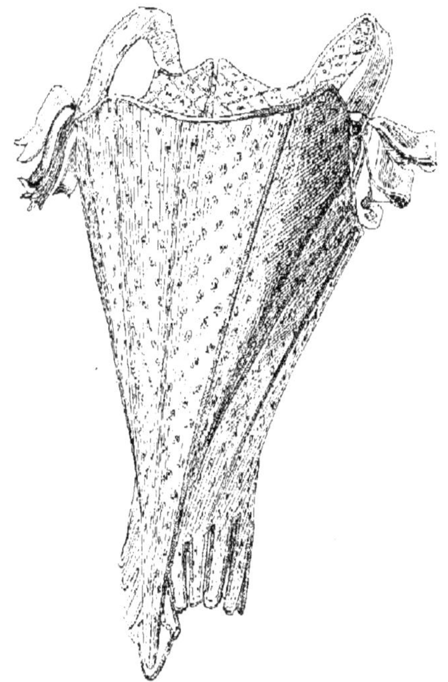

Fig. 29. — Corset avec épaulettes (Musée de Cluny).

de le mettre à la torture dès les premiers moments de son existence, sous prétexte de le former.

La même année, un Allemand, nommé Reissier l'aîné, établi tailleur de corps à Lyon, publia un *Avis important au sexe ou Essai sur les corps balei-*

nés, pour former et conserver la taille aux jeunes per-sonnes. Dans cette brochure, Reissier répond aux attaques prodiguées aux *corps* et tend à démontrer que

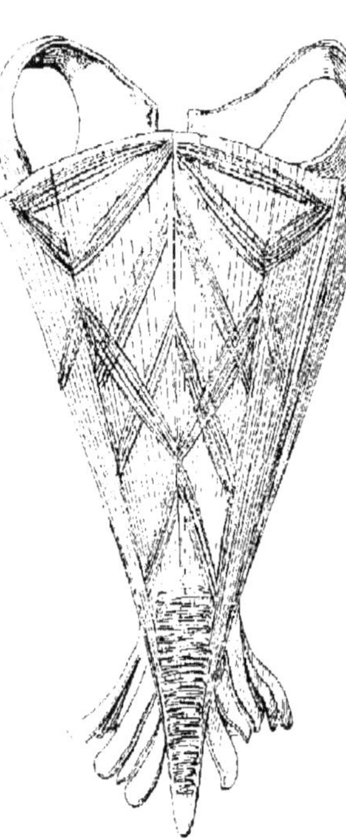

FIG. 30. — Corset avec épaulettes
(Musée de Cluny).

les effets nuisibles à la santé qui leur étaient reprochés prove-naient simplement de la mauvaise confec-tion des corsets ou de l'ignorance des fabri-cants ainsi que de l'em-ploi mal compris qu'en faisaient les femmes; mais il met en garde contre l'usage des *corps* à la grecque et des corsets à plastron em-ployés par les femmes affligées d'un fort embon-point.

Sous Louis XVI, les corsets ne présentent rien de particulier, quant à la forme; ils ne diffèrent de ceux du règne précé-dent que par le luxe des étoffes employées à leur confection, il est donc inutile de nous y arrêter plus longtemps.

Freudeberg (1745-1801).

D'après la « Toilette d'une Élégante », de Freudeberg.

Pour permettre à mes lectrices de se rendre très
exactement compte de ce qu'était le *corps*, je repro-
duis une série de corsets de différentes provenances
et datant des xviie et xviiie siècles.

La planche IV montre trois *corps* Louis XIV et
Louis XV : l'un d'eux est un curieux corset de nour-
rice avec ouvertures latérales à la hauteur des seins ;
ces *corps* et ceux des figures 18 à 27 font partie
de ma collection, quelques-uns sont d'origine étran-
gère.

La figure 28 représente un corset du xviie siècle,
d'origine hongroise, il fait partie du musée de Buda-
Pesth et fut envoyé, en 1892, à l'exposition des Arts
de la femme, au Palais de l'Industrie.

La planche V est un corset Louis XIV en satin brodé
de fleurs en chenille et or, il appartient à Mme Fulgence et figura à l'exposition des Arts de la femme
(1892).

La planche V *bis* est un splendide corset Louis XV,
brodé d'or et de fleurs en soie ; il fait partie de la
collection Fulgence et figura à cette même exposition.

Le *haut-de-corps* à épaulettes, tailladé sur les hanches et lacé au dos, de la figure 29, est en soie brodée verte, doublée de toile imprimée, les coutures
en sont recouvertes d'un petit liséré rouge ; ce *corps*

et celui de la figure 3o sont exposés au musée de
Cluny, ils datent du commencement du xviiie siècle.

La figure 31 montre un corset en brocart d'or

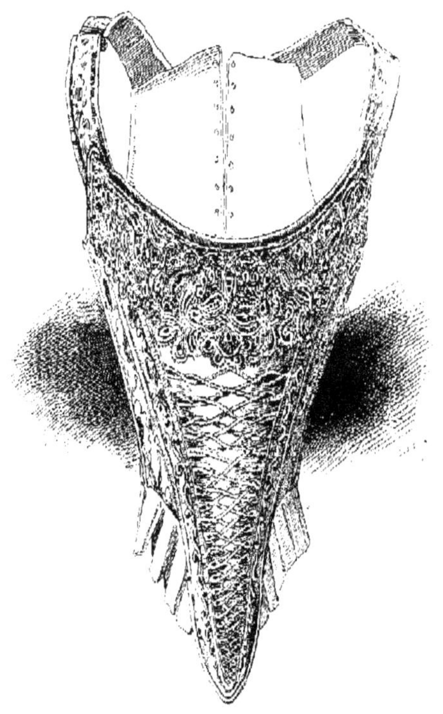

Fig. 31. — Corset en brocart d'or (Musée des Arts décoratifs).

(xviiie siècle), provenant des environs de Linz, en
Autriche. (Musée des Arts décoratifs.)

La planche VII représente une servante laçant un
corps (tiré du tableau de Freudeberg intitulé : *la
Toilette d'une élégante.* (Pl. VI.)

L'Essai du Corset

PLANCHE IX

D'après « l'Essai du Corset », de Wille (1748-1815).

La planche IX est extraite du tableau de P.-A.
Wille, *l'Essai du Corset*. (Pl. VIII.)

Avant de dire quelques mots du corset sous la Ré-

Fig. 32. — Copie d'un assignat de 5 livres (Musée Carnavalet).

volution, je citerai ici, à titre de curiosité, un passage
des *Costumes historiques* de Paul Lacroix :

Sous le règne du papier-monnaie en France, on appelait
corset, un assignat de cent sous, parce qu'il était signé
Corset, du nom de l'employé préposé à son émission. On
raconte que les libertins l'offraient à leurs faciles con-
quêtes, en disant : « *Corset* contre *corset*. » La figure 32
est une reproduction de cet assignat (1ᵉʳ novembre 1791).

Avec la Royauté disparut la mode des *corps piqués* serrant la taille. La Révolution française engloba dans ses réformes toutes les parties du vêtement ; les *corps à baleines* ainsi que les paniers, l'habit à la Française et les perruques furent radicalement supprimés.

Les prérogatives des corporations disparurent en même temps ; les tailleurs de *corps* qui, lors de la fondation de la corporation des couturières, avaient conservé le privilège de confectionner tous les vêtements ajustés et qui, pour cette raison, faisaient les robes de la cour, ne reparurent plus après le rétablissement du calme dans les esprits.

La simplicité dans le vêtement des femmes remplaça le luxe effréné des dernières années du règne de Louis XV et du règne de Louis XVI et le Directoire adoptant les modes antiques, on vit apparaître une modification des bandelettes grecques à laquelle on donna le nom de *zona*. Cette ceinture se portait sur la robe, plus haut que la zona antique ; ses bords supérieurs étaient légèrement évasés sur le devant afin de recevoir la partie inférieure de la poitrine.

La planche X donne une idée de la zona, d'après une estampe intitulée les *Héroïnes d'aujourd'hui*.

Cette ceinture fut bientôt remplacée par un corset

D'après une estampe « les Héroïnes d'aujourd'hui » (Directoire).

10

plus commode et serrant modérément la taille, il était dépourvu de baleines.

Sous le Consulat, le vêtement dit « à la républicaine » tend à être abandonné; le costume grec a déjà fait son temps et les « Incroyables » font leur apparition; il est juste de dire qu'elle fut de courte durée.

Mme d'Abrantès rapporte qu'elle vit, dans un bal de l'année 1800, une femme portant « un corset bleu, « de velours ou de satin, la jupe en crêpe blanc sur « une mousseline blanche, bordée de deux rouleaux de ruban... ». Ce crêpe et cette mousseline indiquent bien que les vêtements étaient plus que légers, ce qui, avec le décolletage très accentué, donnait aux femmes, un aspect très... déshabillé. *La Mésangère* critique très spirituellement cette mode dans la conversation qu'elle fait tenir entre un couturier à la mode et une provinciale :

« Citoyen, j'arrive de mon département. Indiquez-moi la mode afin que je m'y conforme. — Madame, c'est fort aisé : en deux minutes, je vais vous y mettre, si vous le voulez. — Très volontiers. — Otez-moi ce bonnet. — Le voilà. — Otez-moi ce jupon. — C'est fait. — Otez-moi ces poches. — Les voici. — Otez-moi ce fichu, ce *corset*, ces manches. — Est-ce assez ? — Oui, Madame, vous voici actuellement à la mode, et vous voyez que ce n'est pas bien difficile. il suffit de se déshabiller. »

On vit, vers la même époque, une mode nouvelle, celle des paillettes, mais elle tomba bientôt dans l'exagération, aussi donna-t-elle lieu à la chanson suivante :

Paillette aux bonnets,
Aux toquets,
Aux petits corsets !
Paillette
Aux fins bandeaux,
Aux grands chapeaux !
Paillette
Aux noirs colliers,
Aux blancs souliers !
Paillette,
Paillette aux rubans,
Aux turbans,
On ne voit rien sans
Paillette !

Au commencement du siècle, les corsets des femmes élégantes étaient très courts du haut, et les épaulettes très étroites. En avant, ils s'arrêtaient au-dessous de la poitrine, en arrière, ils laissaient libres les deux tiers des épaules, mais au bas, ils étreignaient le ventre et les hanches.

Vers 1810, le corset à la Ninon (fig. 33) faisait fureur; le busc seul maintenait la rigidité du corset.

Dans un petit poème en trois chants, intitulé l'*Art*

PLANCHE XI

Le Coucher, d'après Devéria (1829).

de la Parure ou la *Toilette des Dames* (1811), on vante
le talent du célèbre faiseur d'alors :

> Viens, Leroy, viens; écoute et suis mes lois.
> . . . . . . Observe chaque belle,
> Que ce corset emprisonne et modèle
> Les deux contours de ses naissans appas,
> Et feigne même un sein qu'elle n'a pas.
>
> . . . .
>
> Tout reconnait ta voix, ta volonté,
> Pour embellir l'orgueilleuse beauté.
> Comme une fée, ordonne à la nature
> De se plier aux lois de la parure.
>
> (Chant II, l'*Art de la Modiste et de la Parure*.)

Dans le 3ᵉ chant où l'auteur traite : « des vertus
« et des qualités essentielles au coiffeur et autres ar-
« tistes de la mode », il énonce les qualités suivantes
comme étant celles du parfait fournisseur : *Calme
des sens, respect, discrétion, patience et exactitude.*

Ce Leroy, dont il est parlé ci-dessus, était le maître
de la mode, c'est lui qui habillait l'impératrice José-
phine; ce fut aussi de ses ateliers que sortirent les
vêtements que Napoléon envoya à Marie-Louise d'Autriche, sa seconde femme, avant son entrée en France.

Vers la fin du premier empire, les corsets étaient
devenus presque aussi courts du bas que du haut.
Le busc arrivait à peine au-dessus de l'ombilic, le
bord inférieur, échancré suivant le contour supérieur

de la hanche, se prolongeait en arrière jusqu'au milieu
des reins sur lesquels il était maintenu par les baleines des œillets ; en haut, les goussets arrivaient au
tiers de la poitrine qui se trouvait cependant soute-

Fig. 33. — Corset à la Ninon, 1810 (Costumes parisiens).

nue par un baleinage serré, à la fois souple et résistant ; des baleines obliquement placées de bas en haut
et de dedans en dehors, maintenant l'écartement des
seins, reçurent le nom de « divorces ». Sur les côtés,
le corset n'avait guère plus de 10 à 12 centimètres de
hauteur et portait un montant vertical très simple
composé de baleines minces et étroites.

Un auteur nous apprend qu'un autre grand faiseur,

PLANCHE XII

Corset Leoty (1867).

Lacroix, dont la renommée était universelle, ajoutait au corset un petit coussin, recouvert de taffetas blanc, qui s'attachait par derrière pour donner à la taille un aspect plus cambré; l'écrivain ajoute que les élégantes, ne reculant pas devant le prix de cent francs relativement élevé pour l'époque, accouraient en foule chez Lacroix.

De 1815 à 1830, les corsets furent graduellement rallongés du haut au bas. Les goussets de gorge emboîtaient la poitrine, ceux de la hanche descendaient très bas; mais les montants latéraux s'arrêtaient à la hanche. Le baleinage était résistant, l'étoffe presque toujours double, enfin le busc ordinaire long et épais. Ce corset, trop dur et trop lourd, se complétait par de larges épaulettes (planche XI).

Charles X fut un ennemi des corsets trop serrés et des tailles fines. « Il n'était pas rare autrefois, dit-il, de trouver en France, des Diane, des Vénus, des Niobé, aujourd'hui, on n'y rencontre plus que des guêpes. »

C'est vers 1820 que l'industrie du corset, languissante depuis la fin de la Révolution, prit un véritable développement. A partir de ce moment, de nombreux perfectionnements furent apportés aux corsets et à leurs accessoires; en 1842, apparut un nouveau corset, dit à *la paresseuse*, qui différait un peu de ceux des époques antérieures; il prenait mieux la taille, la gorge et les hanches, était plus agréable à porter et un nouveau mode de laçage, à la paresseuse, y était adapté. Ce corset, après avoir subi de nombreuses modifications de hauteur et de longueur, est parvenu jusqu'à nous.

Depuis lors, le mouvement est donné, la taille devient, à juste titre, une des plus grandes coquetteries féminines. Pendant les vingt années du second Empire, les corsets, quoique de plus en plus confortables, ne subissent que très peu de modifications; les élégantes, imitant l'impératrice Eugénie dans la façon de s'habiller, étaient obligées de copier, pour ainsi dire, la taille de la souveraine; de là, la mode de la taille dite *courte*. Cette expression n'est pas exacte, car la taille, à cette époque, différait beaucoup de celle que l'on se faisait sous le premier Empire; les corsets que l'on portait sous le règne de Napoléon III s'adaptaient parfaitement à la taille naturelle, c'est-à-dire au bas des côtes, mais ils étaient très échancrés du haut et courts du bas, ils laissaient de la sorte les épaules tombantes et les goussets ne remontant pas la poitrine, la taille était moins élevée. Pour distinguer cette mode de celle du premier Empire, on devrait plutôt l'appeler la *taille basse*, car elle n'avait rien de commun avec la *taille courte* du commencement du siècle, puisque les corsets se portaient au-dessous des seins

PLANCHE XIII

Corset Leoty (1878).

et donnaient un tout autre aspect au costume d'alors (planche XII).

Après les événements de 1870, la mode manque d'orientation, on tâtonne pendant deux années, et vers 1873, on voit la taille longue qui amena l'usage du corset-cuirasse armé de ce fameux et hideux busc-poire qui ne servait à rien, n'applatissait rien et donnait au corset un aspect orthopédique qui enlève toute élégance féminine. Comme il n'est pas de mode sans exagération, on allonge la taille de plus en plus et l'on arrive bientôt à avoir la taille tellement longue que les petites femmes sont tout en buste et n'ont presque plus de jupe (planche XIII).

Depuis deux années environ, on a cessé d'allonger la taille sans pour cela revenir à la taille courte ; on ne s'occupe en ce moment que d'une chose, supprimer, autant que faire se peut, la cambrure du devant qui fait ressortir le ventre d'une façon abominable.

Je suis loin de critiquer cette mode qui a vraiment une raison d'être à condition bien entendu de ne pas aller jusqu'au grotesque.

Depuis un an, la mode Empire a fait son apparition : je dois dire qu'heureusement pour nos élégantes, elle a été de courte durée : pendant son soi-disant succès, on a passé en revue tous les styles : le grec, le moyen âge, la Renaissance, le Henri II, le Henri III et le Louis XIII. Cette résistance à ne pas adopter cette mode nous démontre suffisamment combien les femmes tiennent à l'élégance de leur taille.

Donc l'Empire est enterré, j'espère à tout jamais; on est en ce moment au 1830, bien plus avantageux pour la taille: la crinoline reparaît et avec elle, il est facile de prévoir le retour au Louis XV et au Louis XVI.

Ayant étudié à fond, comme ce livre le prouve, tous les changements que le corset a subis depuis le commencement des siècles, il nous importe peu que la taille soit courte, basse ou longue, nous nous mettrons toujours au diapason de la mode et nous nous efforcerons de la guider afin d'éviter toute exagération ridicule ou funeste à la santé.

HYGIÈNE

LE CORSET TEL QU'ON DOIT LE PORTER

OMME je l'ai annoncé dans mon avant-propos, je vais, pour terminer cette brochure, envisager le *corset* au point de vue médical; cette question de l'hygiène de la femme a fait couler depuis deux siècles, des flots d'encre; aussi, pour faire œuvre utile, je transcrirai simplement l'avis des

écrivains et des docteurs qui ont traité ce sujet et j'y
ajouterai quelques considérations sur le corset actuel
et sur les qualités qu'il doit réunir au double point
de vue de l'hygiène et de l'esthétique.

Dans le *Dictionnaire de la Conversation*, le Dr Vin-
cent Duval, orthopédiste distingué, donne ainsi qu'il
suit son opinion sur le corset :

Je suis journellement consulté pour des jeunes filles
ayant de légères déviations vertébrales, et auxquelles je
conseille simplement un corset à tuteurs latéraux. L'emploi de cet appareil rétablit toujours la taille dans sa rec-
titude normale. Il suffit de ces corsets pour diriger et
maintenir les épaules et entraver les mouvements désor-
donnés...

Si le Dr Duval conseille les corsets, le Dr Bouland
est plus affirmatif; d'après lui on ne doit pas seulement
les conseiller, on doit les *prescrire*, c'est son mot, « car
« dans beaucoup de cas, dit-il, ils remplissent des con-
« ditions impérieusement réclamées par l'hygiène ».

L'Encyclopédie du XIXe siècle donne, à l'article
corset, les conclusions suivantes :

Si l'abus des corsets a été quelquefois suivi d'accidents,
leur usage, méthodiquement dirigé, peut, en revanche,
devenir un moyen puissant d'action efficace dans une
foule de cas : pour les jeunes filles ayant déjà contracté de
mauvaises attitudes, l'usage prolongé d'un corset élastique

PLANCHE XIV

Corset moderne.

bien entendu suffit souvent pour corriger la tenue disgra-
cieuse; une inclinaison sur l'un ou l'autre des côtés, ou
bien encore en avant ou en arrière, trouve également un
remède dans l'application constante du corset.

L'*Encyclopédie moderne* prétend que « le corset
« actuel n'a rien de commun avec le corset ancien, pas
« même le nom, puisque *corselet* et *corps* étaient les
« termes employés ».

Le rédacteur de l'article consacré dans cet ouvrage
au mot corset ajoute que quelques corsetières pari-
siennes sont parvenues à faire un objet d'art d'une
incomparable souplesse, qui facilite les mouvements
du corps au lieu de les gêner et donne à la beauté de
la femme cette pureté de lignes qui séduit et charme
le regard.

De la plus récente publication du genre d'ouvrages
que je passe en revue pour montrer l'uniformité des
témoignages à l'égard de l'utilité incontestable du
corset, de la *Grande Encyclopédie*, encore inachevée,
j'extrais ces lignes concluantes :

A un certain moment de l'adolescence, la jeune fille
manque de maintien et volontiers se replie sur elle-même,
portant les épaules en avant, laissant saillir en arrière les
omoplates, tenant la colonne vertébrale habituellement
incurvée de l'un ou l'autre côté. Un corset simple, de di-
mensions en parfait rapport avec les proportions de la

personne, ne s'étendant ni trop haut ni trop bas, et par-
dessus tout modérément serré, remédiera aux défectuosités
d'attitude dont elle est coutumière. Pour les femmes d'une
certaine corpulence, il sera un soutien bienveillant et un
précieux agent de contention. Pour l'une aussi bien que
pour l'autre, en raison de l'agencement général des pièces
variées qui, chez les peuples d'Occident, composent le
costume féminin, il mérite d'être conservé, en principe,
et, sous bénéfice des sévères réserves que l'hygiène indi-
viduelle impose, d'être regardé comme une partie indispensable du vêtement. Sous les climats froids et même
tempérés, les femmes, en effet, sont astreintes à porter sous
la robe un nombre variable de jupons dont le poids, en
raison de la nature de l'étoffe, est parfois assez lourd. Loin
d'être réparti sur une large surface du corps, leur poids
repose, à la taille, sur un espace circulaire d'une étroitesse
extrême. Les cordons qui servent à les fixer au-dessus des
hanches ne tardent pas, pour peu que l'on tienne à ce que
cette fixation soit correcte, à déterminer un étranglement
fatigant jusqu'à être bientôt intolérable. A tout prendre, il
vaut mieux que la base de soutènement de ces vêtements
intimes indispensables à la femme dans les régions sep-
tentrionales soit répartie sur une zone circulaire d'une
certaine largeur. Cette zone, le port rationnel d'un corset
la fournit. Ni contrition, ni compression, de la contention
seulement, tels sont les principes fondamentaux qui en
doivent régir le dispositif et l'emploi.

Cette étude est signée du Dr Collineau, le rédacteur scientifique de la *Grande Encyclopédie.*

PLANCHE XV

Corset moderne.

Je continue ces citations par l'avis du D Bouvier qui résume ainsi qu'il suit la « question du corset ».

1" L'histoire de l'habillement des principaux peuples de l'antiquité fait voir que le besoin d'une pièce de vêtement contentive, plus ou moins serrée autour du tronc, chez les femmes, s'est fait sentir dans les temps anciens, comme dans l'Europe moderne.

2° Autrefois, comme de nos jours, les femmes ont été disposées à outrer cette constriction circulaire, au détriment de la santé.

3° Dans l'histoire de la civilisation moderne, on voit tour à tour, après l'abandon de la tunique ample des dames romaines, la taille simplement marquée par des corsages justes au corps, puis renfermée et comme étreinte dans des espèces de cuirasses appelées corps à baleines, et enfin de nouveau dessinée et contenue par les corsets, dernière forme de ce vêtement spécial.

4° Bien que l'emploi inconsidéré des corsets puisse déterminer à peu près les mêmes accidents que l'usage des corps, ils n'ont pas d'effet nuisible quand leur construction et leur application se font d'une manière convenable.

5° C'est à tort que l'on a attribué uniquement à l'influence des corsets le resserrement de la partie inférieure du thorax, resserrement normal, jusqu'à certaines limites, dans les deux sexes, et sujet à varier par d'autres causes que par la constriction qu'exerce ce vêtement. L'examen comparatif que j'ai fait d'un grand nombre de sujets tend à démontrer que les corsets ne produisent que dans des cas exceptionnels un rétrécissement permanent de la base de la poitrine.

6° On a avancé sans preuves que l'usage des corsets était une cause fréquente de déformation de la colonne vertébrale.

7° Non seulement des motifs déduits de l'esthétique et de la destination sociale de la femme doivent engager le médecin à permettre l'usage des corsets, sauf les restrictions indiquées par l'observation de leurs effets immédiats : mais, en outre, il est diverses circonstances, telles que le volume des seins, le relâchement ou la distension de la paroi musculaire de l'abdomen, la voussure habituelle du tronc, la déviation latérale du rachis, qui indiquent formellement l'emploi de cette sorte de bandage, soit comme moyen hygiénique, soit même pour aider à la guérison de certaines lésions.

Dans son beau travail sur l'*Art dans la parure et le vêtement*, Charles Blanc, critique d'art et graveur, frère du célèbre historien, s'occupe de la femme en artiste et en esthéticien. Comme effet obtenu, comme résultat acquis, il ne sépare pas le corsage du corset :

Cacher et montrer, ou plutôt laisser deviner et laisser voir, ce sont les deux objets du corsage ; mais il ne faut pas oublier que souvent ce que l'on cache est justement ce que l'on veut montrer.

PLANCHE XVI

Corset moderne.

Il conclut en ces termes :

Le corset est d'une importance capitale parce que la femme avoue la grâce de son corps jusqu'à la ceinture et que, si son buste présente quelques défauts, elle peut les atténuer en trompant les regards par une coupe savante.

Dans le *Dictionnaire universel du XIXe siècle* de Larousse, on fait comme suit l'éloge du corset :

Depuis une vingtaine d'années, soixante-dix brevets d'invention ont été pris pour la fabrication des corsets ; ainsi s'expliquent les nombreux perfectionnements apportés dans leur forme et leur composition. On a successivement augmenté l'élasticité des étoffes, imaginé les œillets mécaniques, remplacé la lourde baleine par de fins ressorts d'acier, combiné des armatures tellement savantes que le corset, agrafé mécaniquement, se retire comme par enchantement.

Je ne pourrais mieux faire ressortir les efforts que l'industrie du corset a tentés pour unir l'art et la science dans un travail absolument parfait. Mais je dois constater que les lignes précédentes datent de plus de vingt années et tout le monde sera d'accord avec moi pour constater que, depuis cette lointaine époque, dans toutes les branches de son activité, l'industrie parisienne a marché à pas de géant et a accompli de véritables prodiges.

Je ne veux pas ennuyer plus longtemps mes lectrices par des extraits, déjà trop nombreux d'ouvrages connus de tous, mais je crois utile de reproduire un passage consacré aux corsets dans le spirituel bréviaire de la vie élégante, l'*Art et la Toilette*. Violette nous y dépeint très exactement le rôle de la corsetière :

Préparant l'œuvre du couturier, la corsetière fait de la femme, vivante statue taillée par la nature, la statuette aux gracieuses fragilités, aux formes de convention, mais si séduisantes, vraie besogne du sculpteur qui, dans toute époque élégante, a tenu une bien large place dans l'art de la parure. Ah ! le corset ! Comme elles en prenaient souci, nos belles aïeules du xviii° siècle ! Vous rappelez-vous cette corsetière spirituelle du vieux Paris, dont l'enseigne centenaire gardait cette si juste définition inscrite au dessous d'un joli corset de satin ?

> Contient les forts,
> Soutient les faibles,
> Ramène les égarés.

L'opinion personnelle de quelqu'un qui paraît plaider sa cause peut être quelquefois négligée ; aussi j'ai pris, pour faire triompher la mienne, les auteurs, et ils ne sont malheureusement pas nombreux, qui ont été appelés à traiter la question du corset au point de vue médical et technique.

L'an passé, un journaliste parisien refaisait l'article,

PLANCHE XVII

Corset moderne.

tant de fois imprimé, sur les dangers attribués, par des docteurs pessimistes, à l'usage du corset. Après avoir enregistré ces attaques qui ressuscitaient une vieille querelle et qui ne s'adressaient qu'aux corsets des temps préhistoriques par rapport à la mode qui ne songe déjà plus aux choses d'hier, les trouvant toujours surannées, le journal mondain par excellence, le *Figaro*, désirant l'avis d'une personne compétente, me fit l'honneur de s'adresser à moi.

C'est pour cela que j'ai pu écrire dans le numéro du 1er août 1890, avec toutes les chances de n'être pas démenti : « Le corset de nos jours n'est plus une pri-
« son, comme on disait jadis, mais une agréable mai-
« son de retraite qu'on sait singulièrement embellir et
« orner, et s'il était funeste au développement du corps
« ou au fonctionnement des organes qu'il enveloppe,
« les médecins devraient le *proscrire;* or, tout au
« contraire, ils le *prescrivent* et nombre de clientes
« nous sont quotidiennement envoyées par les doc-
« teurs les plus connus. Oui, le corset actuel, mais le
« corset bien fait, entendons-nous, est indispensable
« pour faire ressortir l'élégance de la taille, et en de-
« hors de la question d'esthétique, si importante
« qu'elle n'a pas besoin d'être traitée ici, le corset
« est appelé à combattre les dispositions qu'ont les
« jeunes filles à garder une position nuisible à leur

« santé. Il est vrai que, dans ce cas spécial, le corset
« doit maintenir les épaules, les rejeter en arrière et
« faciliter le développement du thorax. »

Qu'il me soit permis maintenant de terminer, dans
l'intérêt de mes lectrices, par un résumé des qualités
que doit remplir un corset pour être absolument
parfait.

Ne voulant pas être taxé de partialité, j'emprunte
au Dʳ Bouvier ces dernières lignes qui serviront de
conclusion à mon travail.

« Un corset qui mérite véritablement ce nom doit
« être confectionné de manière à ne pas comprimer
« les parties du corps avec lesquelles il est en con-
« tact ; il ne doit affecter aucun des principaux organes
« de la vie.

« Un corset qui possède les qualités requises est
« convenablement lacé, sa pression, partout modérée,
« est surtout affaiblie vis-à-vis des organes les plus
« sensibles ou les moins résistants, sa laxeté ou son
« extensibilité sont telles, qu'il ne mette obstacle, ni
« au mouvement des côtes et de l'abdomen dans la
« respiration, ni à l'ampliation de l'estomac et de l'in-
« testin dans la digestion, il est assez évasé du haut
« pour soutenir les seins sans les comprimer ; les
« épaulettes en sont assez lâches et d'une substance
« douce et élastique, ou même on les supprime entiè-

« rement; les entournures sont assez largement échan-
« crées; les baleines ou les ressorts d'acier, fixés entre
« les doubles de l'étoffe et destinés à lui conserver sa
« forme, à l'empêcher de remonter, de se plisser, et
« de *faire corde*, sont assez peu nombreux, assez
« minces, assez flexibles, assez bien placés, pour ne
« faire sentir leur pression nulle part et pour ne
« point entraver les mouvements; le busc est souple,
« léger, d'une courbure convenable, et mieux encore,
« il est remplacé par deux baleines étroites, séparées
« par un tissu élastique, enfin le corset tout entier,
« embrassant la circonférence du bassin, trouve autour
« des hanches un point d'appui solide, suit la direc-
« tion naturelle des flancs, sans être trop pincé à leur
« niveau et marque la taille sans la contrefaire, selon
« l'expression de Jean-Jacques Rousseau. »

C'est ainsi que l'usage du corset, intelligent et bien
dirigé, ne peut avoir qu'une influence salutaire sur la
santé de la femme qui doit être aussi précieuse à
ceux qui l'habillent qu'à ceux qui l'admirent.

On me pardonnera cette longue causerie, car il
est utile de parler de ce que l'on a étudié et de con-
tribuer, chacun dans sa modeste sphère, à l'édification
de tous; c'est d'ailleurs en corsetier, non en écrivain
et sans prétention aucune, que j'ai écrit ces quelques

pages, et si je me consolerai facilement d'avoir fait une brochure imparfaite, nous ne nous consolerions jamais, ma femme et moi, si nous voyions sortir de nos ateliers un *corset* qui ne soit rigoureusement établi d'après les règles de l'esthétique et de l'hygiène féminine.

TABLE

IMPRIMÉ

PAR

CHAMEROT ET RENOUARD

19. rue des Saints-Pères, 19

PARIS